Thomas Edison
La revolución de la luz

Nick Cimarusti, M.S.

✳ Smithsonian

Autora contribuyente

Alison Duarte

Asesores

Harold D. Wallace Jr.
Curador de las colecciones de
electricidad
National Museum of American History

Stephanie Anastasopoulos, M.Ed.
TOSA, Integración de CTRIAM
Distrito Escolar de Solana Beach

Créditos de publicación

Rachelle Cracchiolo, M.S.Ed., *Editora*
Diana Kenney, M.A.Ed., NBCT, *Realizadora de la serie*
Véronique Bos, *Directora creativa*
Caroline Gasca, M.S.Ed., *Gerenta general de contenido*
Smithsonian Science Education Center

Créditos de imágenes: portada, pág.1 National Park Service; contraportada, pág.11 (superior), pág.15 (superior), pág.18 (superior), pág.19 (inferior), pág.31 © Smithsonian; págs.2–3 Library of Congress [LCDIG-highsm-45493]; pág.5 Keystone/Getty Images; pág.6 (centro) Granger Academic; pág.6 (inferior) Library of Congress [LC-USZ62-55326]; pág.7 Science History Images/Alamy; pág.12 Bettmann/Getty Images; pág.13 (inferior) Everett Historical/Shutterstock; pág.17 (inferior izquierda) Library of Congress [LC-USZ62-98066]; pág.17 (derecha, segunda desde arriba) Oxford Science Archive/Print Collector/Getty Images; pág.17 (centro, derecha) StockMontage/Getty Images; pág.17 (inferior derecha) USPTO; pág.18 (inferior) Bettmann/ Getty Images; pág.21 (inferior) Randy Duchaine/Alamy; pág.22 (fondo) Chronicle/ Alamy; pág.22 (superior izquierda) Jeff Morgan 05/Alamy; pág.24 (inferior) Joseph Sohm/ Shutterstock; pág.25 (superior) The Asahi Shimbun a través de Getty Images; pág.26 (inferior, izquierda) Album/Documenta/Newscom; todas las demás imágenes cortesía de iStock y/o Shutterstock.

Library of Congress Cataloging-in-Publication Data

Names: Cimarusti, Nick, author.
Title: Thomas Edison : la revolución de la luz / Nick Cimarustii, M.S.
Other titles: Thomas Edison. Spanish
Description: Huntington Beach, CA : Teacher Created Materials, [2022] | "Smithsonian"--Cover. | Audience: Grades 4-6 | Summary: "Every day, people flip switches and tap screens. But how did it all start? Thomas Edison created an electric light bulb that changed the world. Edison helped create the electric society we live in. All it takes is one spark of inspiration to light up the world"-- Provided by publisher.
Identifiers: LCCN 2021049681 (print) | LCCN 2021049682 (ebook) | ISBN 9781087644523 (paperback) | ISBN 9781087644998 (epub)
Subjects: LCSH: Edison, Thomas A. (Thomas Alva), 1847-1931--Juvenile literature. | Inventors--United States--Biography--Juvenile literature. | Light bulbs--History--Juvenile literature. | Electric lamps--History--Juvenile literature.
Classification: LCC TK140.E3 C5618 2022 (print) | LCC TK140.E3 (ebook) | DDC 621.3092--dc23/eng/20211012
LC record available at https://lccn.loc.gov/2021049681
LC ebook record available at https://lccn.loc.gov/2021049682

Teacher Created Materials

5301 Oceanus Drive
Huntington Beach, CA 92649-1030
www.tcmpub.com

ISBN 978-1-0876-4452-3

Contenido

Que se haga la luz

Con cada año que llega, la gente espera un futuro más brillante. En la noche de Año Nuevo de 1879, el futuro era especialmente brillante. Esa noche, Thomas Edison mostró su invento más famoso. Los focos eléctricos iluminaron la noche como nunca antes.

Llegaron personas de todas partes para ver los focos eléctricos de Edison. Él y su equipo usaron los nuevos focos para iluminar su laboratorio y los edificios de alrededor. ¡Los edificios se llenaron de luz! La calle se veía claramente, y la oscura noche de invierno de repente se volvió brillante. Los espectadores no podían creerlo. No había lámparas de gas, sino pequeños focos eléctricos. Edison creó una nueva manera de traer luz al mundo.

Thomas Edison no se veía a sí mismo como científico sino como inventor. ¿Cuál es la diferencia? Un científico quiere entender el mundo. Busca información nueva. En cambio, un inventor utiliza la información para crear algo nuevo. Esos inventos ayudan a la gente. Algunos inventos también permiten ganar dinero. Los inventores trabajan para **patentar** sus inventos.

Edison creó muchos dispositivos. Pero se hizo famoso por su trabajo con la electricidad. El foco eléctrico les dio a las personas una razón para usar la electricidad. Pero no fue fácil conseguirlo.

Thomas Edison en su laboratorio

versión moderna del foco eléctrico de Edison

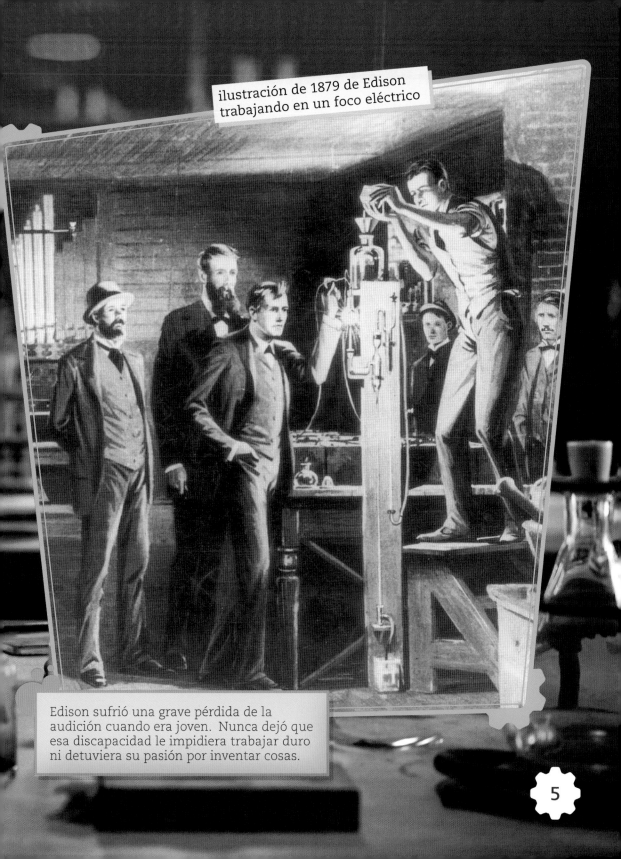

ilustración de 1879 de Edison
trabajando en un foco eléctrico

Edison sufrió una grave pérdida de la
audición cuando era joven. Nunca dejó que
esa discapacidad le impidiera trabajar duro
ni detuviera su pasión por inventar cosas.

Iluminar el camino

No es de extrañar que Thomas Edison sintiera curiosidad por el mundo. Le encantaban la ciencia y la experimentación. Siempre estaba buscando información nueva. Al joven Edison le gustaba desarmar todo tipo de cosas para entender cómo funcionaban.

Cuando tenía 12 años, Edison vendía periódicos y otras cosas pequeñas, como dulces, en el tren. Durante unos seis meses, incluso dirigió su propio periódico. Se llamaba *Weekly Herald*. Su periódico era popular entre los viajeros del tren. Edison ganó suficiente dinero para construir un pequeño laboratorio en el tren. En una ocasión, ¡sus experimentos llegaron a provocar un incendio!

El joven Edison imprime periódicos en un tren.

Edison tuvo problemas en la escuela, por lo que su madre decidió educarlo en casa.

¡Edison al rescate!

Cuando Edison tenía 16 años, su vida dio un vuelco. Un día, estaba caminando cerca del ferrocarril cuando vio algo aterrador. ¡Un niño pequeño estaba a punto de pisar las vías del tren! Edison entró en acción y agarró al niño antes de que llegara el tren.

El padre del niño estaba tan contento que se ofreció a entrenar a Edison para un nuevo trabajo. Edison sería operador de telégrafos. Era un trabajo muy importante. Se necesitaba tener rapidez de pensamiento y mucha habilidad. Además, Edison ganaría más dinero como operador de telégrafos que vendiendo periódicos.

Thomas Edison intenta reparar un telégrafo.

Mensajes por cable

Mucho antes de que se inventaran los teléfonos celulares, se usaba el telégrafo para hablar con personas que estaban lejos. En 1844, Samuel Morse inventó un práctico telégrafo eléctrico. Los empleados de las estaciones de telégrafo enviaban mensajes a otras estaciones a través de cables eléctricos. Los operadores copiaban los mensajes. Todos los mensajes se transmitían en código morse.

El código morse utiliza puntos y rayas. Las diferentes combinaciones de puntos y rayas representan cada letra del alfabeto. Ese sistema era mucho más rápido que enviar cartas por correo. Las noticias viajaban con solo presionar un botón.

También se colocaron largos cables en los lechos marinos. Eso ayudó a las personas de diferentes países a enviar mensajes rápidamente. La gente utilizaba los cables para hablar con los bancos. De ese modo, podían enviar dinero rápidamente.

Edison trabajó como operador durante cuatro años. El trabajo era importante. Edison también reparaba las máquinas. Durante ese tiempo, aprendió mucho sobre la electricidad.

Edison aprendió sobre los **conductores**. A través de conductores, como los cables, la electricidad viaja de manera controlada. Edison también aprendió sobre los **aislantes**. Los aislantes protegen a las personas de los efectos peligrosos de la electricidad. Esos conocimientos ayudarían a Edison más adelante en su vida.

Estos aislantes de vidrio evitan que la electricidad fluya entre los conductores.

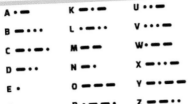

una clave de telégrafo con una tabla de letras en código morse

A ·—	K —·—	U ··—
B —···	L ·—··	V ···—
C —·—·	M ——	W ·——
D —··	N —·	X —··—
E ·	O ———	Y —·——
F ··—·	P ·——·	Z ——··
G ——·	Q ——·—	
H ····	R ·—·	
I ··	S ···	
J ·———	T —	

CIENCIAS

Bien cargado

Todo lo que conocemos está formado por pequeños átomos. Cada átomo tiene un centro llamado núcleo, que está formado por protones y neutrones. Los protones tienen carga positiva. Los electrones tienen carga negativa, y rodean al núcleo. La electricidad fluye cuando los electrones pasan su carga de un átomo a otro.

- ⬤ electrón
- ◯ núcleo
- ⬤ neutrón
- ⬤ protón

Magia en Menlo

Edison usó sus nuevos conocimientos para mejorar aún más el telégrafo. Inventó el sistema cuádruple. Ese sistema permitía enviar cuatro mensajes (dos en cada dirección) por un solo cable. Antes solo se podía enviar un mensaje a la vez. El envío de mensajes se hizo mucho más rápido.

Cuando Edison inventó ese sistema que era más rápido, quiso venderlo. Para eso, se dirigió a la Western Union Telegraph Company. Era la compañía de telégrafos más grande de Estados Unidos. La empresa le ofreció $40,000. ¡Son más de $800,000 hoy en día! Edison no podía creerlo. ¡A los 27 años, ya tenía muchísimo dinero!

Con su nueva fortuna, Edison podía dedicar todo su tiempo a inventar cosas nuevas, que era justo lo que quería. En 1876, fue a Menlo Park, en Nueva Jersey. Allí construyó lo que llamó "La fábrica de inventos". Había un laboratorio, un taller mecánico, una oficina y una biblioteca.

Menlo Park tenía una buena ubicación. Estaba entre Nueva York y Filadelfia. También era lo suficientemente tranquilo para trabajar. Edison reunió un equipo formado por algunos de los hombres más inteligentes del lugar. Cada uno tenía una habilidad especial. Algunos eran científicos talentosos. Otros tenían habilidad para las matemáticas y la mecánica.

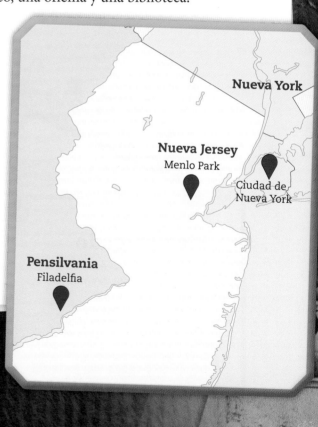

Nueva York

Nueva Jersey
Menlo Park

Ciudad de Nueva York

Pensilvania
Filadelfia

Edison y su equipo en Menlo Park

Esta ilustración muestra a Edison en su laboratorio de Menlo Park, cuando tenía unos 33 años.

Menlo Park sentó las bases de los laboratorios de investigación modernos. Allí, Edison tenía todo lo que necesitaba. Tenía herramientas, materiales y un gran equipo. Edison y su equipo pasaban largas horas trabajando. A veces se quedaban despiertos toda la noche. La mayor parte de su equipo vivía a unos pasos del laboratorio.

Edison creó algunos de sus inventos más famosos en ese laboratorio. Por eso, a veces se le llama el Mago de Menlo Park. En esa época, ¡sus nuevos inventos eran casi mágicos!

Hacer música

Edison y su equipo comenzaron a hacer otros experimentos con los teléfonos. Edison se preguntaba si el sonido podía grabarse y reproducirse. Dibujó el diseño de una máquina que podría hablar y que se conoció como **fonógrafo**. El fonógrafo podría grabar el sonido y reproducirlo. El diseño de Edison funcionó la primera vez que el equipo lo probó. Eso sorprendió al equipo. ¡Hasta sorprendió al propio Edison!

Ese invento fue la primera versión del tocadiscos. Más tarde, Edison construyó un estudio de grabación. Varios músicos famosos fueron al laboratorio de Edison para grabar su música en Menlo Park.

Edison y su fonógrafo, alrededor de 1892

La primera grabación de una voz humana es la de Edison recitando "María tenía un corderito".

Esta ilustración muestra a un grupo de mujeres usando auriculares para escuchar un fonógrafo en la ciudad de Nueva York, en 1889.

THE EDISON CONCERT PHONOGRAPH

TRADE

Thomas A. Edison

MARK

HAVE YOU HEARD IT?

Anuncio de un festival de música, en 1899

Una luz brillante

Edison y su equipo se hicieron famosos. Con un telégrafo más rápido, habían cambiado la forma en que se comunicaba el mundo. Además, su fonógrafo podía reproducir sonidos grabados. Todos esperaban el siguiente invento **ingenioso** de Edison y su equipo.

Todo ese éxito llamó la atención de **inversores** importantes. El equipo de Menlo Park consiguió suficiente dinero para trabajar en un nuevo proyecto. Ese proyecto sería el más importante: un práctico foco **incandescente**.

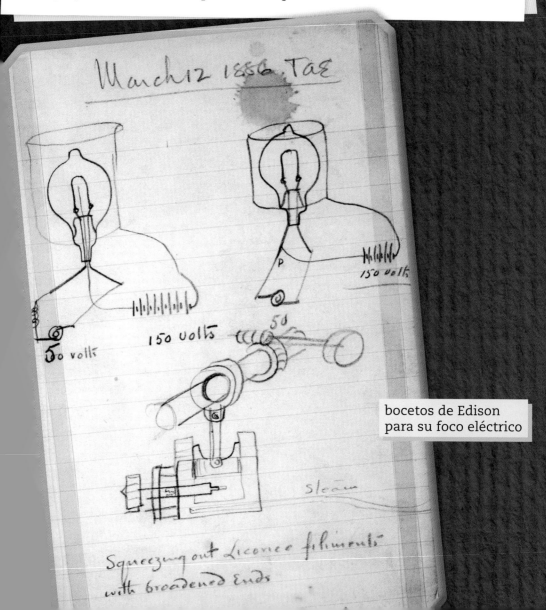

bocetos de Edison para su foco eléctrico

¿Cómo funcionan los focos?

Tal vez hoy en día los focos eléctricos no parezcan nada del otro mundo. Todos los hogares tienen focos, pero ¿cómo funcionan? El foco eléctrico de Edison fue el primero que utilizaba la incandescencia y, a su vez, era práctico.

Los focos tienen cuatro componentes o partes principales. La primera es el **filamento**, que emite luz cuando se calienta. Edison hizo muchos intentos antes de dar con el material adecuado. Su foco utilizaba un filamento de **carbono**.

La segunda parte de un foco son los cables de soporte adicionales. Los cables y el filamento están dentro de la tercera parte, que es el foco de vidrio. El vidrio mantiene todos los cables y el gas en su sitio dentro del foco. En la parte inferior del foco hay un metal que conduce la electricidad.

filamento

El primer foco exitoso de Edison duraba unas 14 horas.

INGENIERÍA

En el camino correcto

La electricidad fluye por un camino llamado **circuito**. Si el circuito se interrumpe, la electricidad no puede fluir. Eso se denomina circuito abierto. Cuando un circuito está completamente conectado sin interrupciones, se llama circuito cerrado. Encender un interruptor es una manera de completar un circuito. El circuito cerrado permite que la electricidad fluya libremente entre el interruptor y el foco. El foco transforma la electricidad en luz. Al apagar el interruptor, el flujo de electricidad se detiene, se crea un circuito abierto y se apaga la luz.

Cuando se enciende la luz, esas piezas forman un circuito eléctrico. El circuito permite que fluya la **corriente**. Las corrientes se miden en amperios, que indican la cantidad de electricidad que puede circular por un cable. A medida que la electricidad fluye a través del filamento, este se calienta, brilla y emite luz. La potencia de un foco se mide en **vatios**. Es el producto entre los amperios y los voltios.

Otros que se iluminaron

Edison no inventó el foco eléctrico. Pero le hizo importantes mejoras. Su focos podían usarse en los hogares. Eran prácticos. Pero Edison no hizo todo el trabajo. Sin el esfuerzo de otros inventores, Edison no podría haber hecho su descubrimiento. ¿Quiénes fueron esos otros?

Alessandro Volta inventó las pilas. Son pequeñas y manejables y fáciles de colocar dentro de las máquinas. Luego, Humphry Davy utilizó una pila para crear luz. Llamó a su invento lámpara de arco.

Más tarde, Michael Faraday combinó imanes y cables para crear una corriente eléctrica. Es lo que derivó en los **generadores eléctricos**. Los generadores eléctricos usaban imanes y electricidad para crear una gran cantidad de energía. Piensa en ellos como unas pilas grandes y potentes.

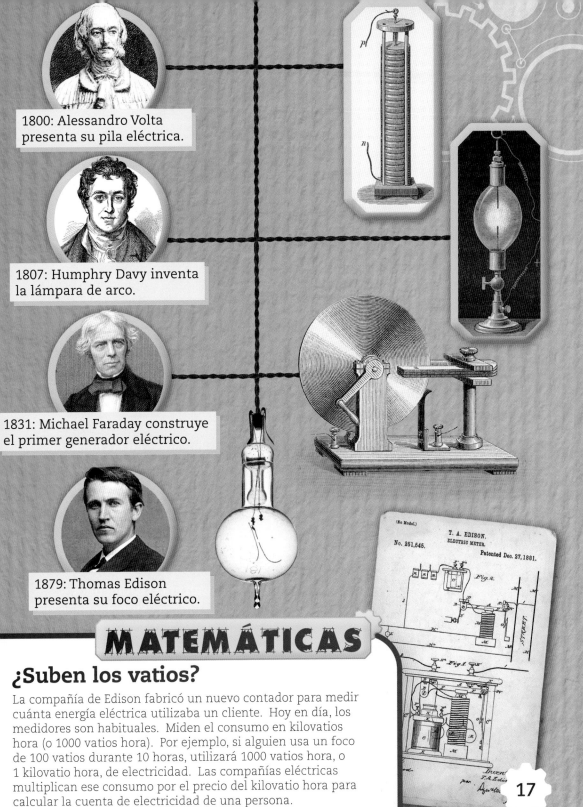

1800: Alessandro Volta presenta su pila eléctrica.

1807: Humphry Davy inventa la lámpara de arco.

1831: Michael Faraday construye el primer generador eléctrico.

1879: Thomas Edison presenta su foco eléctrico.

MATEMÁTICAS

¿Suben los vatios?

La compañía de Edison fabricó un nuevo contador para medir cuánta energía eléctrica utilizaba un cliente. Hoy en día, los medidores son habituales. Miden el consumo en kilovatios hora (o 1000 vatios hora). Por ejemplo, si alguien usa un foco de 100 vatios durante 10 horas, utilizará 1000 vatios hora, o 1 kilovatio hora, de electricidad. Las compañías eléctricas multiplican ese consumo por el precio del kilovatio hora para calcular la cuenta de electricidad de una persona.

17

Abrir el circuito

Edison había tenido éxito. Resolvió un gran problema con las luces eléctricas. Antes de Edison, los focos eléctricos no eran prácticos. Eran demasiado caros y brillantes. En 60 años, los inventores no habían podido encontrar una manera de hacer que la luz eléctrica fuera fácil de usar.

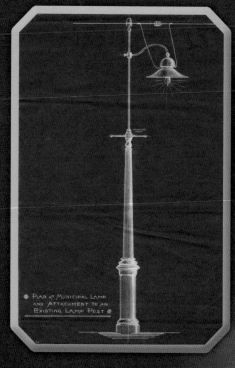

Los faroles de las calles eran eléctricos. Pero eran demasiado brillantes para los hogares. Además, no duraban mucho. Había que reemplazar los focos a menudo. Pero el filamento de carbono de Edison fue una gran mejora. Los focos eléctricos por fin eran fáciles de usar en el hogar.

Antes de Edison, muchos hogares tenían lámparas de gas. Edison y su equipo buscaron la manera de llevar electricidad a los hogares. En la ciudad de Nueva York, él y su equipo crearon la estación Pearl Street. La estación era un generador central de electricidad. Enviaba energía eléctrica a los edificios a través de una serie de cables y tubos.

Un cambio de mentalidad

Joseph Swan era el competidor principal de Edison. Swan también era inventor. Tenía muchas patentes de focos en Inglaterra. Las obtuvo antes del gran descubrimiento de Edison. Pero las luces de Swan no eran tan prácticas como las de Edison. Swan y Edison finalmente decidieron trabajar juntos. Formaron una nueva compañía para compartir sus ideas.

Joseph Swan

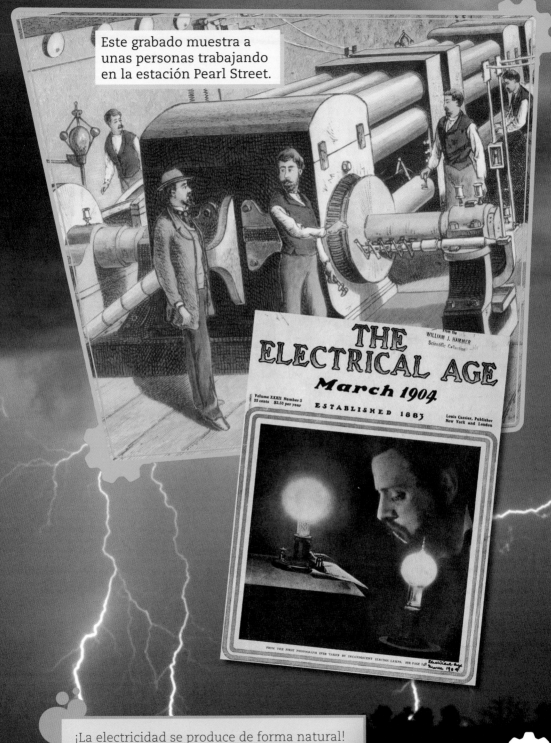

Este grabado muestra a unas personas trabajando en la estación Pearl Street.

THE ELECTRICAL AGE

March 1904

Volume XXXII Number 3
25 cents $2.50 per year

ESTABLISHED 1883

Louis Cassier, Publisher
New York and London

From the
WILLIAM J. HAMMER
Scientific Collection

FROM THE FIRST PHOTOGRAPH EVER TAKEN BY INCANDESCENT ELECTRIC LAMPS, SEE PAGE 148

¡La electricidad se produce de forma natural! Los rayos son corrientes eléctricas.

Edison tenía que convencer a las personas de que utilizaran la luz eléctrica. La gente estaba contenta con las luces de gas y las lámparas de aceite. ¿Por qué cambiar?

Edison tenía talento para promover su trabajo. Les dio a las personas una razón para interesarse por su invento. Habló con los periódicos para difundir el mensaje. Incluso diseñó su sistema de cableado eléctrico basándose en el conocido sistema de gas. Una central enviaría la energía a los hogares utilizando un sistema de conductores eléctricos que atravesaban ciudades y pueblos. Ese sistema se conoce como **red de distribución**.

Edison también mostraba su trabajo. Tenía que ser un buen vendedor si quería que sus focos tuvieran éxito. Hizo su primera gran demostración en la fiesta de celebración de Año Nuevo, en Menlo Park. Luego, las luces eléctricas de Edison se utilizaron en un nuevo barco de vapor, el S.S. Columbia. Las luces fueron un gran éxito.

Poco a poco, la electricidad reemplazó al gas. En Londres, se usó por primera vez un cartel eléctrico, que decía "Edison".

El sistema eléctrico actual es similar al sistema original que diseñó Edison.

Edison (derecha) y el fundador de Kodak, George Eastman, manejan una cámara de cine alrededor de 1925.

Hasta 2003, Edison tenía el récord de inventos patentados.

kinetógrafo

¡Luz, cámara, acción!

Edison también ayudó a inventar el cine. ¿Recuerdas el fonógrafo? Inspirado en ese invento, Edison se propuso grabar imágenes. Su kinetógrafo hacía precisamente eso.

Era una cámara que tomaba fotografías en movimiento. La cámara tomaba fotografías muy rápido y las ponía en una tira larga. Edison incluso construyó un pequeño estudio de cine. En poco tiempo, el primer cine empezó a proyectar cortometrajes en la ciudad de Nueva York.

ELECTRIC *Cookery*

will halve your kitchen work —

save food, and tempt you to prepare many a good dish not worth the trouble by old-fashioned methods.

The comfort of the household is measured by the smooth working of the kitchen, for this an Electric Range is essential. So cheap to run—just one unit of Electricity per person per day.

Your Local ELECTRIC AGENT will tell you all about Electric Ranges.

SWITCH ON TO HEALTH

For Health's Sake — **USE ELECTRICITY**

anuncio de cocinas eléctricas, de 1928

La electricidad viaja a 299,337 kilómetros (186,000 millas) por segundo. ¡Eso significa que puede dar ocho vueltas al mundo en el tiempo que tardas en encender un interruptor!

Iluminar el mundo

A medida que más personas empezaban a usar la electricidad, se produjeron aún más cambios. Se construyeron más centrales eléctricas. Se instalaron cableados en las casas y los edificios. Con esos cableados llegaron nuevos aparatos. Las oficinas y las cocinas nunca volverían a ser iguales.

El uso de la electricidad les permitió a las personas tener control sobre las cosas sencillas de todos los días. Las luces eléctricas permitían que las habitaciones estuvieran iluminadas a cualquier hora. Las personas recibían las noticias al instante en su hogar a través de la radio. Los amigos usaban el teléfono para saludarse. Los empleados podían trabajar más horas. Gracias a los ascensores eléctricos, era posible construir rascacielos.

Las personas compraban aspiradoras y lavarropas eléctricos. Usaban tostadoras y ventiladores. Las luces eléctricas reemplazaron a las velas en las fiestas. De repente, ¡todo era eléctrico!

La gente guardaba las velas para cuando no había luz durante los "apagones". Incluso entonces, las linternas eran una opción. Las ciudades podían estar iluminadas todo el día y toda la noche. Era un mundo nuevo.

Homenaje a Edison

Edison no se detuvo con su foco. Siguió inventando hasta su muerte. Su pasión era inventar, y no la abandonó nunca.

Thomas Edison murió el 18 de octubre de 1931. Cuatro noches después, el presidente Herbert Hoover les pidió a los estadounidenses que apagaran sus luces a las 10 p. m., hora estándar del este. En todo el país, se hizo un momento de oscuridad para homenajear el brillo de Thomas Edison.

Un futuro brillante

El foco eléctrico siguió mejorando. La empresa de Edison **se fusionó** con otra empresa para formar General Electric (GE) en 1892. Los inventores que trabajaban en la empresa siguieron haciendo pequeños cambios para crear mejores focos.

Con el tiempo, se usaron diferentes materiales que mejoraron los focos. En 1910, un investigador llamado William Coolidge utilizó **tungsteno** en lugar de carbono. Ese metal daba más luz y consumía menos energía. Se podía lograr que fuera más delgado que un cabello. Eso permitió instalar luces en los automóviles y en los trenes.

En 1940, GE ya fabricaba focos **fluorescentes**. Al principio, era muy caro fabricarlos, pero consumían mucha menos energía que los focos incandescentes. Con el tiempo, los focos fluorescentes mejoraron y se abarataron. Poco a poco, empezaron a aparecer en los hogares.

Hoy en día, muchas personas usan diodos emisores de luz, o led. Esas luces son más **eficientes** que los focos fluorescentes. Las luces led son muy brillantes y pueden usarse en casi cualquier lugar. Pronto, el led podría ser el tipo de foco más popular.

Diversión bajo el sol

Hoy en día, el objetivo es la eficiencia energética. Por eso algunos hogares han empezado a usar paneles solares. Unas finas capas de material conductor transforman la luz solar en una corriente eléctrica. A largo plazo, los paneles solares permiten ahorrar dinero. También son mejores para el planeta.

Los paneles solares convierten la luz solar en electricidad.

Se usa la electricidad.

Cuando es necesario, se utiliza la electricidad de la red eléctrica.

La electricidad sobrante se envía a la red eléctrica.

los ganadores del Premio Nobel Isamu Akasaki, Hiroshi Amano y Shuji Nakamura

TECNOLOGÍA

Algo inesperado

Un foco led consume menos energía que un foco incandescente e ilumina más durante más tiempo. ¡Pero las luces led son un producto derivado! Nick Holonyak Jr. fabricó un láser led en 1962. En poco tiempo, otros usaron ese invento para crear una luz de uso general. A principios de la década de 1990, unos inventores crearon el led azul, que podía combinarse con el rojo y el verde para formar el led blanco. Un inventor estadounidense y dos inventores japoneses compartieron el Premio Nobel de 2014 por haber realizado distintas partes de esa investigación.

Ver la luz

Thomas Edison es un personaje importante de la historia. Hasta hoy, el foco eléctrico es símbolo de una buena idea. Edison siempre tuvo curiosidad por el mundo. Se hacía preguntas. Desarmaba cosas y volvía a armarlas.

Su genio aún influye en nuestras vidas. Mira por encima de ti. Esa luz se la debemos a Edison. ¿La película que viste anoche? Dale las gracias a Edison. ¿Esa canción que escuchaste? También fue Edison.

Edison utilizaba el fracaso como una oportunidad para aprender. No todos sus inventos fueron un éxito. Pero cada vez que fracasó, aprendió a hacer mejor las cosas. La vida de Edison demuestra que todo se puede mejorar. ¡Por eso tuvo tanto éxito! Aprendió a inventar cosas que la gente necesitaba.

Tomar el control

Edison dijo una vez: "El genio es un 99 % de **transpiración** y un 1 % de inspiración". Seguramente has oído alguna versión de ese consejo. Edison es un ejemplo de lo lejos que puedes llegar si te esfuerzas.

Los inventores siguen haciendo avances con los focos eléctricos. Ahora hay focos inteligentes que cambian de color y ajustan su luminosidad a lo largo del día.

Una idea original podría ser la chispa que inicie tu propia historia de éxito en el mundo de la invención.

Margaret Knight patentó 27 inventos y llegó a ser conocida como la "Edison mujer".

Un dueño de casa cambia el color y el brillo de su foco.

ARTE

¡A doblar y recortar!

En un tejado, los paneles solares pueden absorber más energía si siguen el recorrido del sol. Pero los dispositivos que se utilizan para hacer ese movimiento son pesados y caros. Los investigadores quieren usar el *kirigami* para resolver ese problema. El *kirigami* es el arte japonés de doblar y recortar papel. Con esa técnica, los paneles podrían ser más livianos y eficientes.

27

DESAFÍO DE CTIAM

Define el problema

El suministro de electricidad es limitado en algunas partes del mundo. Los habitantes de esas zonas utilizan hornos solares para cocinar y allí también calientan el agua para hacerla potable. Formas parte de un equipo de ingenieros que va a presentar un diseño y los materiales de un horno solar a una comunidad de Kenia. Tu tarea consiste en diseñar y construir una manera eficaz de captar la energía del sol.

Limitaciones: Tu modelo debe ser fácil de reproducir y debe estar hecho con tres materiales como máximo.

Criterios: Tu horno solar debe aumentar la temperatura de 50 mililitros (10 cucharaditas) de agua en 5° Celsius (9° Fahrenheit).

Investiga y piensa ideas

¿Qué tipos de materiales y colores serían más útiles en un horno solar? ¿Cómo puedes utilizar los fracasos de los inventos de Edison como inspiración?

Diseña y construye

Bosqueja el diseño de tu horno solar. ¿Qué propósito cumplirá cada parte? ¿Cuáles son los materiales que mejor funcionarán? Construye el modelo.

Prueba y mejora

Coloca 50 mililitros (10 cucharaditas) de agua y un termómetro en el horno. Coloca el horno al aire libre, en una zona que reciba luz solar directa. Anota la temperatura del agua cada 5 minutos durante 20 minutos. ¿Funcionó tu horno? ¿Cómo puedes mejorarlo? Modifica tu diseño y vuelve a intentarlo.

Reflexiona y comparte

Compara el diseño de tu equipo con otros diseños de la clase. ¿En qué se parecen y en qué se diferencian? ¿Qué puedes aprender de otros diseños? ¿Por qué es importante que los científicos y los ingenieros compartan su trabajo?

Glosario

aislantes: materiales que bloquean el flujo del sonido, la electricidad o el calor

carbono: un elemento químico que se encuentra en el petróleo y en todas las plantas y los animales vivos

circuito: el recorrido completo de una corriente eléctrica

conductores: materiales que permiten que fluya la electricidad

corriente: el flujo de electricidad

eficientes: productivos, que no pierden tiempo ni desperdician recursos

filamento: una hebra fina de un material similar a un hilo

fluorescentes: que producen luz cuando la electricidad fluye a través de un tubo lleno de gas

fonógrafo: un aparato que reproduce discos musicales

generadores eléctricos: máquinas con imanes y conductores que crean electricidad

incandescente: que brilla con el calor

ingenioso: muy creativo

inversores: personas que dan dinero para crear una empresa y obtener acciones o ganancias a cambio

patentar: obtener una garantía oficial para fabricar, utilizar y vender un invento

red de distribución: sistema de tuberías o circuitos que se utilizan para brindar servicios públicos

se fusionó: se unió

transpiración: sudor

tungsteno: un metal duro

vatios: unidades que se usan para medir la cantidad de electricidad que utiliza algo

Índice

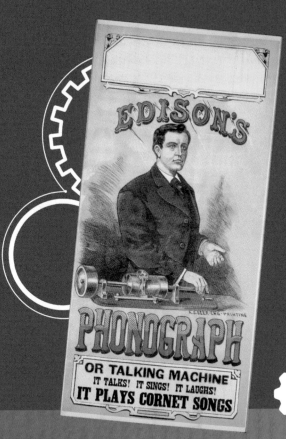

CONSEJOS PROFESIONALES
del Smithsonian

¿Quieres ser inventor?
Estos son algunos consejos para empezar.

"Me fascina cuando un inventor toma una idea sencilla y, con ingenio y persistencia, crea un dispositivo práctico. Si te gusta usar tu inventiva y tu creatividad, y estudias ciencias e historia, tú también podrías convertirte en un inventor famoso".
—*Bernard S. Finn, curador*

"Cuando estaba en cuarto grado, aprendí a jugar al ajedrez. El ajedrez me enseñó a pensar antes de actuar, a planear las cosas con anticipación y a mirar el panorama general, no solo la siguiente jugada. Eso me ha ayudado a predecir lo que la gente querrá y necesitará luego. Esos son rasgos que tiene cualquier gran inventor. Si quieres ser inventor o inventora, ¡deberías empezar a hacer predicciones!".
—*Hal Wallace, curador*